AF591537

LETTRES

SUR

L'EXPOSITION UNIVERSELLE

DE 1855.

T
46846

LETTRES

SUR

L'EXPOSITION UNIVERSELLE

DE 1855,

Par Et. Milliet,

Rédacteur du *Journal de l'Ain* et membre de la Société d'Emulation de l'Ain.

BIBLIOTHÈQUE IMPÉRIALE

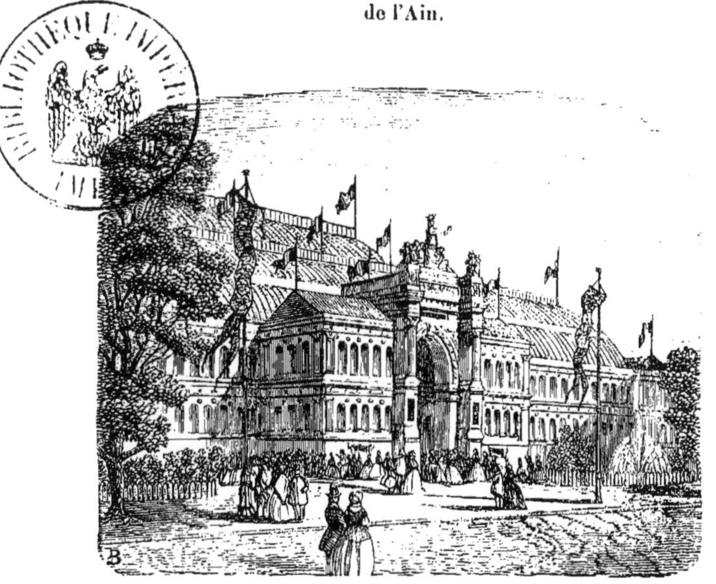

BOURG-EN-BRESSE,

IMPRIMERIE DE MILLIET-BOTTIER.

1856.

L'exposition universelle de 1855 a disparu comme une de ces bulles aux mille couleurs qui éclatent dans l'air et ne laissent plus de traces.

Quelques lettres que j'adressai au *Journal de l'Ain* sur ce palais enchanté, et au milieu du mouvement de la vie de Paris, ont été recueillies par des amis et même par des feuilles de province.

Ces pages étaient écrites sans prétention et même sans compétence, si l'on veut : c'était simplement une vue à vol d'oiseau de quelques-unes de ces merveilles innombrables.

Si je les reproduis aujourd'hui, c'est pour être agréable à des lecteurs trop indulgents qui voudront bien les recevoir comme un bon souvenir amical, et peut-être aussi comme un reflet de leurs propres impressions s'ils ont visité l'exposition universelle de 1855.

Quant à ceux qui n'ont pu se rendre à cette grande exhibition, je souhaite qu'ils y soient un moment transportés par ces quelques lettres, s'ils prennent la peine de les lire.

1re LETTRE.

PHYSIONOMIE GÉNÉRALE.

Paris, 21 septembre 1855.

Je ne sais s'il se rencontrera dans l'histoire une époque semblable à celle qui fait, à cette heure, de Paris, la capitale du monde européen et le rendez-vous général des peuples.

Pour ajouter encore à toutes les circonstances qui ont favorisé notre magnifique capitale, voici que nos armées sont maîtresses de Sébastopol par un de ces coups imprévus de la guerre. Alors que cette place forte semblait devoir résister longtemps, que nos soldats s'apprêtaient à renouveler les sacrifices de patience et de courage de l'hiver dernier, on appprend tout-à-coup que l'armée russe, épuisée par des assauts répétés, a quitté la redoutable forteresse et nous a livré cette position de la mer Noire, si menaçante pour Constantinople. Les chants de victoire viennent donc se mêler encore aux triomphes des arts.

Les Parisiens ont plus qu'en province ressenti une vive joie en apprenant cette victoire de nos armées, car beaucoup n'ont point oublié que les Russes ont campé sur leurs brillants boulevards, et qu'ils considéraient toujours la France comme leur vaincue. Eh bien! les Français, maîtres de Sébastopol et campés sur les terres de la fertile Crimée, c'est la Russie vaincue à son tour, la France replacée au premier rang, et la trace de nos derniers désastres complètement effacée.

Telle est la pensée politique de Paris. Aussi le cortége impérial se rendant à Notre-Dame pour entendre un *Te Deum* d'actions de grâces a-t-il rappelé, par sa magnificence et son éclat, les plus imposantes solennités de la monarchie française. En voyant cette grande réunion de la magistrature, de la diplomatie et de l'armée groupée autour du chef de l'Etat ; en voyant cette foule d'étrangers qui, chaque matin, arrive et se renouvelle dans Paris, on reconnaît que la France a retrouvé sa vieille splendeur, tous ses éléments de civilisation à l'abri des lois et de l'autorité.

Le soir du jour où fut chanté le *Te Deum* à Notre-Dame, la capitale ne présentait, par ses splendides illuminations, qu'une rivière de feu dans ses immenses rues et sur ses boulevards qui offrent des aspects si variés et si riches de perspective.

Le dimanche suivant, chaque église a eu son *Te Deum*. J'ai assisté à celui chanté à St-Eustache par une centaine de jeunes gens, avec un orchestre composé de trois musiques militaires réunies. Qu'on juge de l'effet produit par une aussi puissante masse de voix et d'instruments ! Dans toutes les églises c'était le même entraînement et les mêmes aspirations.

Il faut compter aussi, dans tout ce qui a contribué à faire affluer les étrangers, le congrès de de statistique qui était composé des savants de tous les peuples et de toutes les langues. Les Allemands, les Prussiens, les Belges y étaient venus en grand nombre : c'étaient les académies étrangères réunies en une seule.

Les séances étaient présidées par M. le ministre de l'agriculture et du commerce. L'Empereur y est aussi venu en personne pour encourager les travaux de l'assemblée. Elle s'est occupée en premier lieu des moyens d'établir partout une bonne statistique agricole, chose fort importante au point de vue de la subsistance publique. On a discuté enfin le point de savoir s'il ne conviendrait pas de décider que la langue française serait celle adoptée par tous les peuples pour s'entendre entr'eux, discuter les grandes questions, et mettre les savants de diverses nations en rapports plus intimes dans l'intérérêt de la science économique. L'unité des poids et mesures, pour toutes les nations, a aussi été discutée et votée.

Je doute que Paris offre de longtemps une physionomie aussi mouvementée que celle de ces derniers jours. Le palais de l'exposition universelle, celui des beaux-arts, l'exposition d'horticulture, le Louvre, les musées, les palais, les hôtels, la Monnaie, les manufactures impériales, tout est ouvert aux étrangers, tout les y attire ; ils peuvent tout étudier, tout admirer à leur aise. Là se trouvent des chefs-d'œuvre qu'ils ne rencontreront plus jamais peut-être, réunis et groupés avec autant de soin que d'intelligence.

Une circulation inaccoutumée et immense se fait incessamment sur tous les points et aux environs de Paris. L'Angleterre, l'Allemagne, la Belgique ont envoyé tout ce qui quitte le sol natal, pour s'instruire et apprendre. Un accident arrivé sur un chemin de fer n'empêche point que, quelques instants après, la foule ne vienne assiéger les wagons pour visiter Versailles ou Fontainebleau.

Nos provinces ont vu partir jusqu'à de modestes ouvriers, qui ont à cœur de connaître les merveilleux produits des plus habiles entre les peuples.

Et, pour achever ce tableau, le soleil de septembre a réchauffé ses rayons et versé sur ces flots d'étrangers, dans les places et les magnifiques jardins de Paris, des ardeurs inattendues. Ce ciel si pur et si bleu, cet air limpide et si inaccoutumé pour la saison, tout pousse et anime les flots des visiteurs, soit sur les éblouissants boulevards, soit dans les rues où brillent le soir au milieu des jets de lumière les plus splendides étalages des arts, du commerce et de l'industrie. Le ciel de septembre s'est mis décidément de la partie, au profit de la France.

2^E LETTRE.

EXPOSITION D'HORTICULTURE.

Paris, le 26 septembre 1855.

En face du palais même de l'industrie, on a eu l'heureuse idée d'ouvrir une exposition d'horticulture qui n'a pas moins satisfait les Parisiens que les étrangers accourus dans la capitale.

Ce n'est point là une de ces expositions ordinaires, comme on en voit à Bourg, à Mâcon et à Lyon.

Ici des serres chaudes ont été élevées pour réchauffer les plantes grasses, des bassins ont été construits pour recevoir les plantes aquatiques. La terre a été préparée et cultivée pour nourrir les plantes, pour mieux présenter les fleurs, les arbres à fruits, les collections diverses et précieuses.

Des pelouses et des massifs ont été ménagés çà et là : des architectes habiles ont dressé des pavillons rustiques, des tentes qui abritent les instruments d'horticulture et ces mille objets qu'on destine aujourd'hui au luxe des jardins.

Des fontaines jaillissent sur divers points pour entretetenir la fraîcheur; des volières d'un grand luxe d'architecture ont reçu des oiseaux des espèces les plus curieuses, les plus rares, qui chantent et sautillent; des statues et des groupes ornent encore les allées et les massifs de ce jardin improvisé en quelque sorte par la Société centrale d'agriculture.

Dans un large aquarium, à bords renversés, on découvre la fameuse plante *Victoria regina* : c'est presque à vue d'œil qu'on aperçoit la fleur s'épanouir, à une chaleur de 33 degrés, puis détendre tous ses tissus et devenir une feuille d'un volume considérable qui pourrait suffire à envelopper un petit enfant.

Les blés étrangers et ceux de l'Algérie ont été

classés dans un endroit spécial ; la canne à sucre, les bambous, les bananiers, les pastèques d'Espagne, les plantes des Indes et des tropiques s'étalent dans toute leur richesse.

Mais arrêtons-nous aux produits indigènes qui ne sont pas des exceptions et qui nous intéressent spécialement.

Entre toutes les collections de fruits apportées, nous avons vu de nombreux amateurs se fixer devant celle de M. Luizet, horticulteur distingué à Ecully : c'est assurément la plus complète, la plus variée et la plus exquise. Ses Williams, ses Duchesses, sa belle Angevine, ses beurrés d'Hyel et Davy, son Triomphe de Jodoigne, sont arrivés au plus grand développement qu'il soit possible d'atteindre. On est étonné de l'ampleur obtenue et l'on juge par là des soins donnés à la culture des espèces.

On obtient dans les environs de Paris des légumes et des fruits d'une rare beauté, très productifs à la vente. Il n'est pas rare de voir payer 1 fr. une belle pêche ou une belle poire. On comprend dès-lors les progrès faits par les horticulteurs de la banlieue.

Entre tous, on doit citer M. Jamin, pépiniériste aussi consciencieux que bon horticulteur. Le jardin de l'exposition présentait beaucoup de sujets de cet habile jardinier. Ils étaient en pleine terre et tout chargés encore de leurs fruits. Ses poiriers, ses pommiers-paradis, ces contre-espaliers étaient savamment dressés pour la forme de l'arbre et la production fruitière. Il y avait aussi en pleine terre des pêchers à la Montreuil et des chasselas apportés de Thomery. Les amateurs ont pu prendre là une idée très-exacte des soins et de la science qui président à ces cultures si renommées.

Les collections de dalhias abondent et voient toujours autour d'elles des amateurs empressés et fortement épris de cette culture d'ornement. Combien les dalhias me sembleraient plus beaux s'ils avaient le plus léger parfum. Je constate qu'il y avait des choix très-heureux de forme, de couleur, avec l'aspect de tissus fins et dentelés. Toutefois, notre pays ne me semble guère moins riche en nouveautés, et le jardinier en chef de la Société d'horticulture de l'Ain aurait pu envoyer un très-beau contingent.

Les reines-marguerites abondaient aussi avec leurs

nuances variées et leur grâce parfaite. Que vous dirai-je après cela des collections de roses qu'on regardait à peine ? On croirait que leur règne est fini à côté de ces fleurs sans parfum, l'objet, cependant, de toute une science nouvelle qui s'applique à en multiplier encore à l'infini les mille nuances, comme la mode le fait pour les étoffes. Mais un jour aussi leur règne passera et l'on reviendra à la rose, quand ce ne serait que pour répéter les jolis vers de Malherbes :

Et rose elle vécut ce que vivent les roses,
L'espace d'un matin.

Il serait trop long de décrire toutes les collections de pétunias, d'oignons du cap de Bonne-Espérance, de bruyères, de fougères connues, d'orchidées qui s'étalaient dans les plus charmantes situations. Il y avait aussi tout ce qu'il est possible de rencontrer en instruments perfectionnés de jardinage, en objets d'ornement, en vases mécaniques pour servir sur table les arbustes tout couverts de leurs fruits.

Les Parisiens comme les étrangers ont beaucoup visité cette exhibition exceptionnelle qui touche à son terme. Le goût des fleurs est très-répandu à Paris ; il y a plusieurs marchés aux fleurs qui offrent, chaque semaine, de charmantes nouveautés. L'ouvrier, dans sa mansarde, privé de l'air et du soleil de nos riantes campagnes, aime à réjouir sa vue par quelques pots de fleurs ou de verdure. Nulle part on n'a le talent d'arranger un bouquet et d'en faire ressortir l'éclat comme à Paris : c'est toute une œuvre d'art qui se paie fort cher.

Quant à ces beaux fruits que la Providence départit avec largesse à nos jardins et que la science de l'homme a su encore perfectionner, ce n'est qu'à Paris qu'on sait les étaler avec goût et en former ces suaves corbeille si appétissantes. J'ai vu, devant une de nos célébrités culinaires, un garçon passer un long temps à grouper quelques poires dorées, à les mélanger habilement avec de grosses pommes et des pêches du plus beau carmin velouté; quelques magnifiques raisins encadraient le tout comme autant de perles transparentes : il en fit surgir un étalage ravissant et splendide qui séduisait et attirait la foule des promeneurs. J'ai ouï dire qu'on payait ce talent tout spécial avec de gros appointements.

Voilà Paris; on sait y mettre en relief tous les produits avec un goût parfait et inimitable : cela n'est rien, et c'est tout : c'est la richesse de la capitale et unpuissant attrait pour les nations voisines.

3^E LETTRE.

GALERIE DES MACHINES.

Paris, 1er octobre 1855.

Dans mes diverses visites à l'Exposition universelle, c'est toujours au milieu l'annexe des machines que j'ai trouvé la plus grande foule, soit pendant la semaine, soit le dimanche. L'instinct populaire sent bien qu'il y a là d'importants problèmes résolus, des questions de vie ou de mort pour plus d'une industrie ; c'est là que le génie humain est dans tout son éclat, dans toute son activité, et, on peut le dire, dans toute sa perfection.

En effet, quand vous pénétrez dans cette vaste

annexe consacrée aux machines, qui n'a pas moins de 1,200 mètres de longueur et qu'il faut parcourir plusieurs fois pour en avoir une connaissance suffisante, vous avez devant vous toutes les merveilleuses inventions de l'industrie humaine chez tous les peuples : la vapeur fume et siffle, les volants tournent, les balanciers s'agitent. Sur plus d'un kilomètre de long, chaque industrie est venue prendre son moteur dans les machines à vapeur établies et chauffées sous les profondeurs du palais de l'exposition.

C'est presque à vol d'oiseau que je vais parler de ce que j'ai vu dans cette annexe et des principales machines qui, par leur puissance, surpassent tous les efforts humains connus jusqu'à ce jour. Des volumes ne suffiraient pas à tout dire.

Dans l'enceinte formée par cette vaste galerie, on passe en revue tout ce que la métallurgie peut produire. Il y a des pièces de fer, de fonte ou de cuivre de la plus grande dimension; c'est colossal.

J'ai vu beaucoup de curieux s'arrêter devant une houillère de 5 à 6 mètres de hauteur. Elle est faite avec du véritable charbon de pierre. On y découvre tout le travail si compliqué et si périlleux des mineurs ; on se fait une idée de leur existence souterraine, si laborieuse et si pleine de dangers ; on comprend comment ils établissent leurs galeries, les soutiennent, et arrachent aux entrailles de la terre ce combustible qui fait mouvoir de si grandes usines et réchauffe aussi le pauvre ouvrier dans sa demeure.

Mais c'est devant les machines en mouvement qu'il faut surtout s'arrêter. Toutes les industries sont là fonctionnant sans relâche comme dans des ateliers privés. Des cylindres écrasent le cacao pour la fabrication du chocolat ; des presses typographiques et lithographiques d'un nouveau modèle ne cessent d'imprimer des feuilles volantes, des prospectus qu'on livre à tous les visiteurs ; on cout et on fabrique des échantillons qu'on livre gratuitement au public.

Plusieurs machines fort compliquées filent le coton et remplissent l'espace du bruit de leur mécanisme toujours en rotation. Des conducteurs de travaux sont là pour donner toutes les explications nécessaires.

On voit aussi, avec un véritable intérêt, fonctionner une machine qui peigne et file tout à la fois le coton, la laine et le lin. La matière, à l'état brut, est jetée sur des peignes en fer qui la prennent, la reprennent, la distribuent jusqu'à la finesse complète et jusqu'à ce qu'elle aille ressortir toute filée et empelotonée : c'est le travail de plusieurs mains, condensé par un seul mouvement et donnant un fil très-soigné et d'une finesse remarquable. C'est très-ingénieux et très-productif en même temps.

Des machines de forces diverses descient les bois de toutes espèces, le débitent, et livrent des bandes avec des moulures très-fines, que l'on varie à volonté suivant les dispositions du fer employé; tout cela s'accomplit avec une rapidité étonnante.

Une machine qui m'a frappé comme beaucoup de personnes, c'est celle qui enlève des feuilles de bois destinées au placage des meubles. Voilà devant vous un très-fort plateau d'acajou, d'érable ou de noyer; il est chauffé d'abord par un procédé spécial, ensuite un fort tranchant poussé par la vapeur vient détacher une feuille de ce plateau avec une netteté remarquable, et de l'épaisseur de 2 ou 3 millimètres seulement. Le mouvement est tel que la feuille de placage sort presque aussi rapidement qu'une feuille de papier d'une presse à imprimer, elle est d'une grande égalité et sans déchirures; toutes les nervures du bois, tous les dessins sont parfaitement respectés. N'y a-t-il pas là toute une révolution pour l'ébénisterie? Aussi la curiosité des ouvriers était-elle puissamment excitée, car ce n'est pas sans difficulté qu'on obtenait dans le commerce des feuilles fines, intactes, destinées au placage des beaux meubles.

Il y aussi des machines à tailler la pierre. Le ciseau est promené sur les blocs les plus durs, et les moulures les plus fines sont exécutées comme sur une pâte sans résistance.

La force de la vapeur fait encore mouvoir des machines qui découpent le cuivre, travaillent la fonte, entamment le fer, comme s'il s'agissait de la substance la plus malléable. Les rails de nos chemins de fer, au lieu de subir le travail de la forge, sont découpés avec une rapidité et une précision qui surprennent. Que ne fera-t-on pas désormais avec une telle puissance d'invention et de force?

Et le croirait-on? Il y a des machines à faire des bustes en bronze, des statues, comme il y en a pour

2

broder, pour dessiner; ce n'est plus le génie d'un homme qui va produire un chef-d'œuvre fini et sans rival; c'est la vapeur, c'est la mécanique qui vont remplir le monde d'objets de pacotille, et dont chacun pourra orner ses salons et ses vestibules. L'art y gagnera-t-il? Nous en doutons fort.

Arrêtons-nous toutefois devant une invention qui, venue tout d'abord de l'Amérique, a été lente à se produire, c'est la machine à coudre. Les Français n'ont pas tardé d'entrer dans cette voie. Après la couseuse Seymour (de 350 fr.), nous avons eu les machines translucides, puis enfin la machine perfectionnée par Singer. Ces métiers sont d'un petit volume et donnent 500 points par minute en moyenne. Une couseuse mécanique produit le travail quotidien de 15 à 20 personnes. Des groupes assez nombreux se forment devant ces mécaniques qui sont à chaque instant mises en mouvement par de jeunes personnes; elles délivrent, à qui en veut, des échantillons de couture faits à l'instant. Il va sans dire que ces machines ne peuvent s'appliquer à toutes les coutures; mais il est un grand nombre d'objets de lingerie ou de vêtements qui peuvent être confectionnés par ces petites mécaniques sous le mouvement desquelles la main n'a qu'à promener l'objet à coudre : tous les inventeurs de ces machines assurent que le fil en est indécousable. Je ne l'affirme point.

Une léttre ne suffirait point à énoncer seulement toutes les machines à faire des souliers, à tailler des bouchons (1600 à l'heure d'un seul jet), à couper et coller d'un seul coup des milliers d'enveloppes de lettres à la minute.

L'œil contemple avec étonnement ces locomotives de fabuleuses dimensions envoyées par l'Angleterre et qui sont comme les géants de l'industrie britannique.

Dans la première partie de cette immense annexe se trouvent toutes les machines au repos, c'est-à-dire tout ce qui ne fonctionne pas, et dans la deuxième partie, toutes les machines en activité : c'est là que commence et se continue l'admiration, car le travail qui s'accomplit dans cet espace équivaut à la force de 300,000 hommes mis en mouvement.

Dans cette même galerie on voit fonctionner une machine anglaise à fabriquer les drains ; elle donne environ mille tuyaux à l'heure, et chaque tuyau peut avoir 3 décimètres de longueur. Tout à côté, et par le même procédé, on voit sortir 5 à 600 briques dans le même espace de temps.

Croiriez-vous que l'on fait à peu près de tout dans cette vaste création humaine? On y fait même du miel, mais non pas heureusement sans le secours des abeilles; elles sont là, les vigilantes ouvrières, sous verre et soumises à tous les regards; on les découvre dans leurs alvéoles distillant leur miel. La ruche est hermétiquement vitrée, mais un conduit traversant la toiture de la galerie leur ouvre une sortie sur les Champs-Elysées. On les voit monter et descendre dans ce tube en verre, et rapporter les sucs qui font le miel. Il est vrai que bientôt elles ne trouveront plus rien à butiner dans les jardins du voisinage; mais un réservoir vitré a été placé au-dessus de la ruche et leur fournira la nourriture dont elles auront besoin.

Ne voilà-t-il pas la machine la plus merveilleuse de toutes? Désormais on peut avoir chez soi, dans son salon même, et sans en être aucunement incommodé, une de ces charmantes ruches perfectionnées. Quelle étude de tous les instants à suivre le labeur des abeilles, la naissance du miel, la surveillance de la reine, la discipline de toute la ruche. Un Anglais a exposé une ruche à peu près selon le même système, mais l'habile apiculteur français, M. de Beauvoys, l'emporte sur tous. Il a voué sa vie à cette précieuse étude, et il peut faire goûter aux visiteurs du miel tiré de ses gâteaux, et distillé par ses abeilles disciplinées, jusques sous les vastes arceaux du palais de l'Industrie.

Qu'arrivera-t-il de toutes ces machines enfantées par le génie de l'industrie et qui abrègent le temps et le travail de l'homme? Quelques-unes n'auront point sans doute tous les beaux résultats promis par les inventeurs et les prospectus, mais d'autres plus heureuses obligeront certainement les classes ouvrières à s'ouvrir de nouvelles voies, à chercher de nouveaux travaux, à créer encore et toujours.

Nul n'a pu arrêter les chemins de fer dans leur course rapide. Pour une industrie qu'ils ont étouffée, vingt autres ont été enfantées par le mouvement prodigieux des voyageurs qui, en quelques heures, sillonnent le globe terrestre. On ne peut comprimer le progrès humain dans sa marche; il faut le suivre et aviser : c'est là tout le secret.

4[E] LETTRE.

PALAIS DE L'INDUSTRIE.

Paris, le 5 octobre 1855.

Je vais essayer, aujourd'hui, de faire comprendre quelques-unes des magnificences de l'exposition de l'industrie à ceux qui n'ont pu la visiter. Ce n'est qu'après l'avoir parcourue plusieurs jours de suite qu'on peut mesurer l'étendue des produits aussi riches que variés qu'elle renferme.

Quand on entre par l'avenue des Champs-Elysées, après avoir examiné les œuvres de la céramique moderne et la belle faïencerie imitée de Bernard de Palissy, on se trouve en face d'un immense jet d'eau tombant en nappes argentées dans des vasques ornées de fleurs d'où partent de nouveaux jets qui répandent la fraîcheur dans cet espace. Tout autour, dans le transept, sont placés des divans où viennent se reposer les visiteurs : c'est là le point de rendez-vous et de ralliement des personnes ou des familles qui s'égarent dans les nombreuses travées latérales.

De ce point aussi, on a un splendide coup d'œil qui arrache un cri d'admiration et d'étonnement : la vue plonge sur les grandes lignes qui s'étendent à droite et à gauche. Ici se trouvent les drapeaux des peuples divers qui ont envoyé leurs produits à l'exposition ; là s'élèvent des trophées d'armes ; plus loin des ornements d'église de la plus grande richesse et tout parsemés de diamants, des autels qui sont des chefs-d'œuvre, des candélabres, des lustres, des buffets d'orgue de la plus grande dimension, des meubles dessinés et sculptés avec la plus rare habileté : le tout reflétant encore dans d'immenses glaces de St-Gobain qui ne mesurent pas moins de 18 mètres de superficie; sur tous les points des vitrines d'une élégance et d'un travail achevé. Chaque vitrine n'est point un simple étalage, mais un véritable magasin où chaque exposant a son bureau. Quelques-unes de ces vitrines ont coûté jusqu'à 30,000 fr. Il y a aussi des pavillons d'une grande légèreté et d'un travail plein d'élégance. Enfin, aux deux extrêmités et pour tamiser la lumière qui arrive dans cet immense espace sont des vitraux de Maréchal, de Metz, qui ont coûté 90,000 fr.

Les ornements d'église envoyés par la Belgique présentent ce qu'il y a de plus riche et de plus fini. Une aube en dentelles de Malines vaut 5,000 fr., un ornement complet 40,000 francs; une chape bysantine, resplendissante d'or et de lumières, 50,000 francs; tout cela est chargé de rubis et de diamants, sans s'éloigner des formes graves et sévères: ce sont des œuvres d'art fort estimées. Mais les calices et vases sacrés, d'une grande richesse aussi, nous ont paru dessinés avec trop de coquetterie et s'éloigner des formes austères qui conviennent aux cérémonies de l'église. Une seule chape papale renferme quinze mille pierres ou rubis. Il y a un dais d'une grande beauté avec fond d'or et d'émail: c'est la maison Van-Hall qui a envoyé cette montagne de magnificences, selon l'*Illustration*. « Ce musée sacerdotal, a dit M. Magne, semble avoir été composé avec les trésors de Burgos, de Tolède, de Milan ou d'Aix-la-Chapelle. »

Les autels qu'on voit à l'exposition laissent à grande

distance tout ce que l'on connaît de plus remarquable en ce genre : ce sont de véritables chefs-d'œuvre d'orfévrerie où l'on a prodigué l'or et l'argent; ils sont ornés de statuettes du travail le plus exquis : c'est pour cela qu'on s'arrêtait avec une vive curiosité devant l'autel exécuté par M. Poussielgue-Rusand, orfèvre à Paris et devant celui sorti des mains de M. Bachelet et exécuté sur les dessins de M. Violet-Leduc, architecte fort distingué. Il y a là, dans l'étalage de ces divers objets, une splendeur qui provoque chez tout visiteur une vive admiration. Des orgues de grande dimension, des harmoniums à plusieurs claviers, des pianos du travail le plus riche occupent une grande place à l'exposition et produisent un très-beau coup-d'œil; on admirait notamment le grand orgue destiné à l'église St-Vincent-de-Paul de Paris. Les clochetons en bois qui le surmontent sont d'une grande finesse. En un mot, le luxe des sculptures, la beauté du dessin, l'ampleur des formes, le disputent aux jeux divers et complets qui font le mérite de ce meuble. — Cette exposition assure aussi, dit-on, la victoire définitive du piano droit sur le piano à queue.

Ajoutons qu'à certaines heures de la journée, les premiers organistes de Paris et les plus habiles pianistes viennent toucher les meilleurs instruments du palais de l'industrie et qu'aux avantages de l'exhibition on avait ceux d'un concert.

En poursuivant notre course dans la rotonde du panorama, nous avons pu apprécier les nombreux produits de l'ébénisterie de divers peuples. Les Anglais ont toujours un peu de raideur dans leur genre, les Français ont la grâce; quelques ouvrages du Wurtemberg présentent les formes les plus larges et les plus pures; il y a un petit meuble sculpté acheté 3,500 fr.; des bibliothèques en bois, travaillées et fouillées avec une incroyable patience, qui valent de 25 à 30,000 fr. L'œil peut contempler presque tout un chœur d'église avec une chaire à prêcher, le tout décoré de nombreuses statuettes, ouvrage de l'école industrielle d'Angers. Presqu'à côté se trouvent des armoires à l'antique, des bahuts, de petits meubles d'un goût original et capricieux avec incrustations genre Boule, renaissance. Pour mieux faire juger d'un intérieur d'appartement, des exposants ont établi des chambres complètes avec lits, fauteuils, divans, tapis, rideaux empruntés aux meilleures époques du goût français, en sorte qu'à la simple inspection, on peut faire son choix avec sûreté et apprécier les progrès faits dans le luxe des ameublements qui est devenu tout un art et une véritable science aujourd'hui.

N'oublions pas de mentionner ici une infinité de petits ouvrages en bois sculpté, de fabrique suisse, exposés par M. Wirth qui est allié à une famille de Bourg. Rien de coquet et de délicatement travaillé comme ses châlets, ses cassettes; un petit morceau de bois sur lequel on a sculpté la scène est estimé 500 francs.

L'imprimerie et la librairie occupent dans le palais de l'industrie une place fort étendue. L'imprimerie impériale présente une collection de poinçons et de caractères de toutes les langues et une *Imitation de J.-C.* dont chaque page, ayant des ornements spéciaux et coloriés, a exigé trente tirages différents. MM. Firmin Didot, Claye et Plon marchent à la tête de l'imprimerie de Paris. M. Claye, aussi habile que dévoué à son art, a fait progresser la gravure sur bois et avec son aide on a pu faire revivre les plus belles peintures du Vatican. M. Mame, de Tours, a exposé des Paroissiens qui varient dans les prix de 200 fr. à 35 centimes. Qu'on juge de la richesse des premiers et de l'économie des seconds. M. Silbermann, de Strasbourg, s'est appliqué à donner des spécimens de ces vieux manuscrits, coloriés avec tant d'art, au moyen-âge, à l'ombre des cloîtres; il a reproduit de vieilles bannières avec les vitraux de Strasbourg, à l'aide de la lithochromie dont la monographie de Brou, par M. Dupasquier, peut donner une idée suffisante; on fait véritablement des merveilles en ce genre. MM. Perrin et Vingtrinier, de Lyon, Timon, de Vienne, ont également envoyé des ouvrages qui ont été cités.

Il y a encore à l'exposition des échantillons des papiers fabriqués par tous les peuples; ceux de la Prusse nous ont paru posséder une grande richesse de couleurs et de teintes.

L'orfèvrerie, la bijouterie, les bronzes variés à l'infini, les pendules et ces mille objets de l'industrie parisienne suffiraient seuls à occuper l'attention du visiteur pendant plusieurs jours.

Les robes de cour, or et blanc, à des prix très-élevés; les broderies de la Belgique, d'Alençon, de Nancy offrent tout ce qu'il y a de plus délicat et de plus achevé. A côté de robes brodées valant 5 ou 6,000 fr. et même 10,000 fr., on voyait des robes frappées en crêpe ne valant que 12 ou 15 fr. et ayant un beau cachet d'apparence; mais en réalité c'est un souffle, une bulle de savon : tout cela est étalé avec un goût indicible.

Parlerai-je maintenant des galeries de l'industrie lyonnaise ? Qui ne se figure déjà l'éblouissante richesse de ses soieries, de ses velours, de ses lampaz, de ses châles, produits par les maisons Mathevon, Bouvard, Grillet, Yéméniz et autres. Lyon est la reine de l'industrie. Le choix de ses matières, la nouveauté et la richesse de ses dessins, l'habileté de ses ouvriers n'ont pu être dépassés par aucune autre nation. Qu'elle garde précieusement et avec amour ces dons magnifiques qu'elle a su conquérir !

Non loin de là, les rubans de St-Etienne se déroulent avec leurs nuances si variées et si délicates. On dirait des peintures du premier mérite pour la finesse des couleurs et la légèreté du dessin. Cette industrie entre dans une voie de progrès dont personne ne peut mesurer le terme. Le ruban est devenu un objet de toilette essentiel; l'art du peintre en miniature s'y applique chaque jour et déjà quelques rubans de grande largeur ne se paient pas moins de 25 à 30 fr. le mètre.

Les mousselines brochées de Tarare s'étalent aussi

avec leurs nuances très-variées de dessin et offrent pour les ameublements des étoffes gracieuses et transparentes qui n'atteignent pas quelquefois plus de 75 cent. à 1 fr. le mètre.

J'ai vu admirer des châles envoyés par l'Autriche, et qui n'étaient que dans les prix de 25 à 35 fr. Le fond en est bleu avec ornement en bourre de soie. Cet objet se présentait à l'œil d'une manière flatteuse. Sur chacun de ces châles était écrit le mot *vendu :* ce qui veut dire qu'ils ont été achetés presque aussitôt qu'exposés.

L'Angleterre se fait surtout remarquer par le bon marché de ses indiennes, de ses jaconas et de toutes les étoffes qui servent à vêtir les classes ouvrières. Ses fabriques de Glascow et de Manchester livrent à 35 centimes et à 45 centimes le mètre des tissus croisés, des écossais de 85 centimètres de largeur, bon teint. « Il y a là, dit le *Moniteur*, un grand sujet de réflexion pour les économistes et les hommes de progrès. L'Angleterre doit ces avantages à la supériorité de ses agents mécaniques et au prix de revient de ses matières territoriales. »

Toutefois, quelques villes de France, comme

Rouen, Roubaix, Chollet, Bar-le-Duc, peuvent le disputer à l'Angleterre et livrent à 30 et à 40 cent. le mètre des tissus de coton rayés pour chemises de matelas; ces étoffes ont de 65 à 90 cent[res] de large.

Une pyramide toute formée de bouteilles, et ayant 7 ou 8 mètres de hauteur, se dresse non loin de la porte d'entrée. Qu'est-cela, se demande-t-on ? C'est la collection des vins les plus renommés que produit l'empire d'Autriche. Les vins du Rhin, les les clos les plus célèbres, les produits des domaines princiers occupent chacun un rang de cette pyramide qui se terminait par une bouteille de vrai Johannisberg ayant un siècle de date. Je dois ajouter que beaucoup de flacons avaient déjà été dégustés par la commission spéciale ; quel que soit l'art de l'Autriche à étaler ses produits, je crois que la victoire restera aux vins de France.

Les fourrures et les bois de tous les pays, les produits de la Guyane, de la Martinique, tout ce que notre colonie d'Afrique a recueilli de plus précieux, de plus utile, se trouve exposé dans des galeries spéciales. La Chine, l'Inde et la Perse ont envoyé des échantillons de leurs soyeuses étoffes, de leurs armes, de leur sellerie, où l'originalité du travail rivalise avec la prodigalité de l'or et de l'argent. Qui donc ne se plairait à faire, pour un moment, un voyage plein d'attrait parmi ces peuples lointains ?

5ᴱ LETTRE.

PALAIS DE L'INDUSTRIE. (Suite.)

Paris, 10 octobre 1855.

On se tromperait généralement si l'on croyait à la possibilité de visiter le palais de l'Industrie d'une manière complète et en quelques séances. L'œil et l'esprit se lassent dans ces galeries incommensurables, parce qu'ils ne peuvent tout embrasser. Il faut couper le temps consacré à cet examen par des moments de repos, et puis se réduire à quelques objets spéciaux et à ce qui frappe le plus l'attention, à moins d'avoir une mission particulière.

On a eu l'idée de réunir comme dans une sorte

de galerie spéciale tous les objets à bon marché, afin que les fabricants de tous les pays puissent juger de la différence des prix. Une maison de Bordeaux a envoyé des cabans très-chauds, dits *Sébastopol*, pour 14 fr., des gilets pour 1 fr. 50 c., des casquettes tressées, forme jokey anglais, à 7 et à 10 centimes. Comme l'on n'achète point à l'exposition, il arrive souvent qu'on ne peut obtenir les mêmes prix dans aucune maison de Paris. En résumé, cette exhibition à part dans le grand palais de l'industrie ressemble aux bazars que l'on voit souvent établis en province.

Un Français et un Anglais ont exposé chacun une machine destinée à remplacer le compositeur d'imprimerie. Après les avoir examinées avec soin, nous les déclarons tout à fait insuffisantes. Une touche comme celle d'un clavier fait bien tomber la lettre nécessaire qui va se classer dans une grande ligne, mais il faut ensuite un homme spécial pour former les lignes, les justifier, arrêter les pages et corriger les fautes nombreuses qui se glissent dans le mécanisme. En sorte que la machine exige encore toute l'intelligence d'un compositeur, ce qui réduit le travail mécanique presque à rien. Les objections à faire pour la distribution sont plus nombreuses encore; ce travail consiste à remettre chaque lettre à sa place. Le mécanisne n'accomplit qu'avec beaucoup de difficultés ce que fait vite et bien la main d'un compositeur habile. Ces machines sont un tour de force sans résultat et rien de plus.

En quittant la galerie de l'Industrie pour se rendre à la Rotonde du Panorama, on peut visiter avec curiosité les ouvrages de sellerie et de carrosserie des diverses nations : il y a des voitures étonnantes de travail, de richesse de confortable. L'Autriche rivalise presque avec la sellerie française; elle a envoyé des voitures princières, des voitures de cour d'une grande magnificence par la multiplicité des glaces, des dorures, des étoffes de prix qui ornent les panneaux. Plusieurs des voitures qu'on admire dans cette partie de l'exposition se présentent tout attelées de chevaux (empaillés) richement harnachés, et conduites par des cochers (imités en cire), vêtus de livrées aux formes anciennes. Ces calèches, ces berlines, ces tilburys, légers autant qu'élégants, donnent aux visiteurs des provinces une idée de tout ce que le luxe des cours peut faire produire en ce genre.

La galerie du Panorama a un aspect presque

féerique par l'exposition des papiers peints, des tapisseries des Gobelins, de Beauvais, par les vases en porcelaine de Sèvres qui sont disposés sur tous les points avec un rare bonheur.

Qui ne connaît la richesse des tapis des Gobelins? C'est une industrie élevée au rang des beaux-arts par la pureté des couleurs et la perfection des formes. De nombreux ouvriers sont enfermés dans l'établissement et passent des années entières à reproduire, au moyen de la tapissesie, nos plus beaux tableaux d'histoire ou de paysage. La finesse des laines, l'éclat et la nuance de leurs teintes ne le cèdent en rien à l'éclat des couleurs de la peinture; c'est ainsi qu'on rend toute la suavité des formes et le brillant des horizons. Il n'est pas rare de voir des tapis de Gobelins atteindre les prix de plusieurs centaines de mille francs. La manufacture des Gobelins eut pour protecteurs nos grands ministres Sully et Colbert; elle est unique en Europe; elle a déployé à l'exposition de 1855 des tentures qu'on ne rencontrera plus jamais réunies pour la variété, le nombre et la richesse. Ce qui a fait le grand mérite des tapisseries des Gobelins, c'est que toute la science de la chimie a été mise à contribution pour la teintures des laines; toutes les couleurs possibles ont été conquises; on évalue à trente mille les nuances obtenues dans tous les degrés. Cet établissement est situé dans un quartier isolé de Paris, et voit naître et mourir les ouvriers qui font sa renommée.

Il est juste de dire que des maisons particulières, entre autres celle de M. Sallandrouze, ont fait des efforts qui ont été couronnés de succès pour produire des tapis fort recherchés par les artistes et le commerce des nations.

On voit aussi appendus aux parois de cette brillante rotonde des papiers peints d'une grande richesse de couleur et de dessin ; ce qui n'étonnera nullement quand on saura que nos premiers peintres sont souvent mis à contribution par nos grands fabricants.

Les porcelaines de la manufacture de Sèvres sont un autre produit spécial à la France ; là tout est créé à prix d'or et d'argent. Les meilleurs sculpteurs, les meilleurs mouleurs sont employés à manipuler la pâte de Sèvres ; les plus habiles peintres sont appelés à colorier la porcelaine et à faire des miniatures du plus grand prix par la vivacité des couleurs et la richesse des nuances. Le temps et l'argent ne sont rien à Sèvres quand il s'agit de créer des chefs-d'œuvre. Toutes les découvertes de la chimie et de la minéralogie sont venues concourir à la perfection de ses produits. Les vases, les coupes, les services, les tableaux avec peintures, les émaux sur fer et sur cuivre forment une riche exhibition des produits de cette manufacture impériale. Des grands vases sont achetés 40 ou 50,000 francs. Le moindre objet, une petite tasse, un bougeoir, valent 300 ou 400 fr., tant il y a de travail et de fini dans les formes. On voit, au palais de Fontainebleau, toute une immense galerie ornée de médaillons formés par des assiettes peintes à Sèvres. Chaque assiette a une valeur de 300 fr. et représente les plus beaux points de vue de Paris et de Fontainebleau. Une grande nation, comme la France, peut seule soutenir un tel établissement dont toutes les autres nations sont tributaires : il fait éclore aussi des artistes qui sont la gloire du pays.

Comme pour couronner toutes ces richesses de l'art français, s'élève au centre de la rotonde du Panorama une vitrine octogone renfermant les diamants de la couronne et le fameux diamant le *régent*, provenant des mines de Golconde, que l'on n'estime pas au-dessous de 12 millions (chiffre du livret). Une queue constante de visiteurs se presse pour pouvoir jeter un simple coup-d'œil sur ces diamants de la couronne et les plus beaux produits de la joaillerie française. Le *régent* est une œuvre incomparable par l'éclat de son feu.

Louis XIV portait, dit-on, sur lui pour 12 millions de diamants dans les jours de représentation. Napoléon Ier porta le *régent* tantôt comme agrafe à son manteau, tantôt au pommeau de son épée : tout cela est dans la vitrine de l'exposition où l'impératrice actuelle a voulu ajouter encore ses bijoux particuliers, afin que ces richesses ne fussent pas ignorées du public. On voit donc des coiffures, des peignes en brillants, des parures qui n'ont leurs pareils nulle part; on admire, en outre, une épée en diamants estimée 240,000 fr. Une couronne ornée de plus de 5 mille brillants, 146 roses et 39 saphirs, vaut plusieurs millions ; des colliers, des aigrettes ornés de milliers de brillants, sont estimés 300 et 400 mille francs.

Qu'on demande après cela pourquoi des visiteurs venus de tous les points du globe se pressent vers cette inondation nouvelle de diamants, de chatons, de turquoises, de saphirs, de rubis? C'est que tout cela est sorti du Garde-Meuble pour l'exposition universelle de 1855 et n'en ressortira peut-être plus que dans des circonstances solennelles qui reviendront de siècle en siècle? C'est que tous les artistes en renom de notre époque, Froment-Meurice, Kramer, Bapst, Devin, Fester, Viette, avaient étalé au grand jour les merveilles de leur conception et de leur habileté, et continué l'art admirable de Benvenuto Cellini.

Un savant écrivain a demandé à quoi servait le *régent;* il est vrai de dire qu'on voit à côté, des parures de faux diamants tout aussi belles et tout aussi étincelantes pour la majorité des visiteurs.

Pour compléter l'idée qu'on peut se faire de ce déploiement splendides des créations du génie des peuples, il faut savoir que dix mille exposants français, cinq mille des autres nations, ont réuni dans la capitale de la France ce qu'ils ont pu produire de beau, de plus luxueux et de plus utile; et si l'on pouvait appliquer à ce paradis terrestre des paroles bibliques, on devrait dire que l'œil de l'homme n'a encore rien vu qui puisse lui être comparé.

6^E LETTRE.

EXPOSITION DES BEAUX-ARTS.

Paris, 15 octobre 1855.

Nous avons conduit le lecteur à l'exposition d'horticulture ; nous avons visité avec lui la galerie des machines, puis le palais de l'Industrie proprement dite. S'il est impossible de tout voir, comme on l'a avancé, il est aussi impossible de tout dire : notre tâche n'aura donc été que bien imparfaitement remplie.

Il est une quatrième partie de l'Exposition universelle dont il faut bien aussi dire quelques mots, tout incompétent que nous soyons, c'est l'exposition des beaux-arts ; elle est placée dans une vaste construction tout-à-fait séparée ouvrant sur l'avenue Montaigne, en face de l'annexe des machines : c'est un parallélogramme de 136 mètres de longueur sur 72 de largeur.

Là sont les tableaux des différentes écoles françaises. Des galeries séparées ont reçu les toiles des peintres Italiens, Espagnols, Belges, Autrichiens, Suisses, Anglais.

Les chefs de l'école française, MM. Ingres, Delacroix, Horace Vernet, Gudin, Decamps, ayant des ouvrages nombreux, ont eu aussi des salons complets à leur disposition. Ces noms résument toutes les tendances diverses et opposées de l'école française, savoir : l'école historique, l'école romantique et l'actualité.

La peinture n'est pas faite seulement pour les peintres et amateurs ; elle est faite pour tout le monde, pour frapper et attirer l'attention du peuple. Nous ne nous prononcerons cependant pas sur le genre des écoles représentées par les grands noms que nous venons de citer plus haut. Si des artistes d'un mérite incontestable sont divisés sur le talent des maîtres, à plus forte raison la multitude doit-elle être incertaine et prudente dans ses jugements ?

Le salon de M. Ingres présente quarante belles pages; on sait qu'il excelle surtout dans les portraits.—M. Eug. Delacroix, quoiqu'élève de Guérin, n'est d'aucune école; il a son individualité et ses œuvres ont d'ardents admirateurs; tous ses sujets sont fortement accentués et d'un brillant coloris; il a exposé 37 toiles qui sont les œuvres les plus remarquables de sa vie. —M. Gudin est toujours l'illustre peintre de marine.—Ce qui fait la popularité des œuvres de M. Horace Vernet, c'est qu'il choisit ses sujets de vastes tableaux dans l'actualité. On connaît ses grandes batailles de l'Empire, celles de l'Algérie, la grande toile qui rend si bien la prise de la Smala d'Abd-el-Kader par le maréchal Bugeaud; —puis viennent les toiles si vraies et si originales de Decamps, les paysages de Th. Rousseau, ceux non moins remarquables de Mlle Rosa Bonheur, jeune artiste qui a déjà acquis une brillante réputation.

On ne peut s'empêcher de s'arrêter, dans le salon de France, devant les belles toiles des jeunes et très-habiles peintres français, MM. Gérôme, Yvon, Couture et Müller. Un tableau de M. Yvon, représentant le maréchal Ney à pied, armé d'un fusil et soutenant à la tête de quelques soldats la retraite de Russie, est d'un effet saisissant par la couleur et l'attitude de courage et d'énergie de ces braves. Un autre grand tableau de M. Müller représente l'entrée à Paris de l'armée française au retour de la campagne de 1814 : c'est tout un poème d'un bel effet : ces guerriers mutilés sur les champs de babataille et entrant le désespoir dans l'âme ; l'enthousiasme populaire qui les accueille ; les femmes qui pansent les blessés ; les enfants qui accourent pour les soutenir, tout cela est jeté avec hardiesse sur la toile et remue la fibre populaire.

La guerre de Crimée a fait éclore aussi tout une école nouvelle de peinture ; ce sont les batailles d'Alma, d'Inkermann ; c'est la mort glorieuse de Poitevin, lieutenant au 39e de ligne, qui a planté le drapeau de son régiment sur le bâtiment du télégraphe à l'Alma (par Rigo) ; ce sont des épisodes du siége de Sébastopol, par Bellangé ; ce sont les Zouaves avec leur figure si vigoureuse, leur costume caractérisé, guettant et attaquant les Russes, le tout rendu avec beaucoup de vérité par M. G. Doré, qui a fait un heureux début en ce genre de peinture après tant de succès dans le *Journal pour Rire*.

En parlant de M. Doré, nous prononçons presque

le nom d'un compatriote; il a longtemps habité notre ville; il y a fait le premier essai de son talent. Les danses bressanes, les vogues champêtres, ont fourni le premier sujet de ses crayons, et la verve du caricaturiste s'est spirituellement exercée sur notre type local. Ne lui en sachons pas mauvais gré, puisque cela a fait éclore ce talent si original, qui a grandi au point de mériter les lignes suivantes écrites par M. Théophile Gauthier dans le *Moniteur* :

« M. G. Doré, dans sa *Bataille de l'Alma*, s'est éloigné de ses dispositions habituelles; il a fait une bataille de soldats : les zouaves escaladent les pentes rapides de la montagne avec une impétuosité tumultueuse, culbutant les Russes surpris. Le mouvement ascensionnel de la vaillante cohorte est très-bien rendu; on dirait un torrent qui rebrousse vers sa source. Les épisodes disparaissent dans le tourbillon, et l'œil entraîné ne saisit aucun détail. L'exécution, beaucoup trop rapide, dépasse en fougue les esquisses les plus fiévreuses, et l'on croirait, à certains tons boueux, que l'artiste n'a pas même pris la peine d'essuyer son pinceau. Pourtant, ce n'est pas une chose médiocre que *la Bataille de l'Alma*, il y a là vie, force et volonté : M. G. Doré possède une des plus merveilleuses organisations d'artiste que nous connaissons. A peine âgé de vingt-deux ou vingt-trois ans, il a déjà fait plus de 10,000 dessins d'une invention inépuisable et d'une fantaisie effrénée.... »

Quelques belles toiles de l'école moderne ont été heureusement apportées du Luxembourg pour la circonstance. Qui n'a admiré de nouveau le beau tableau de Vinchon, représentant l'invasion, par le peuple, de la Convention nationale, le premier prairial an III? Qui n'a frémi en voyant la tête du député Féraud apportée au bout d'une pique devant le président Boissy d'Anglas, restant impassible et digne devant cette scène de deuil? Comme le rugissement populaire est bien rendu! Mais quelle résignation et quel courage dans cette figure de Boissy d'Anglas, qui commande encore le respect? Voilà les œuvres qui frappent la multitude.

Pourquoi donc ne citerions-nous pas un tableau de grande dimension et devant lequel s'arrêtaient de nombreux visiteurs. Cette toile, due à un peintre de l'école moderne, M. Müller, nous fait voir l'appel des dernières victimes de la Terreur. On se croirait dans cet intérieur de la prison des Carmes, si rempli de douleurs et de funèbres pressentiments.

Un homme en bonnet rouge fait l'appel des victimes qui sont là résignées, étendues, éparses, avec des vêtements de soie en lambeaux ; il y a le marquis de Montalembert, lés poètes André Chénier, Roucher, les princesses de Chimay et de Monaco, les marquis de Boufflers, Roquelaure ; des femmes, des mères de famille, pressant leurs enfants dans un suprême adieu ; puis dans le fond, cette fatale cour où tombent les victimes au moment où elles en franchissent le passage. Tout est navrant et déchirant dans ce tableau. Les figures y ont bien le caractère de leur affreuse situation, et après l'avoir contemplé, plein de douloureuses pensées, l'on se dit que c'est une horrible chose que les révolutions quand elles ont des jours comme les massacres de 93. Cette peinture est aussi une leçon pour tous.

Au lieu de ces tableaux mythologiques qui reviennent sans cesse, les Vénus, les Psychés, les Amours, peintres, saisissez donc ces grandes et lamentables épopées de nos révolutions : cela parle à tous, parce que c'est véritablement de l'histoire sur la toile. Aujourd'hui, ce n'est plus seulement Paris qui fait école en peinture, chaque grande ville a son cachet, ses maîtres et son individualité. Lyon, Bordeaux, Marseille, Dijon, Besançon, Grenoble ont leurs peintres, leurs artistes qui ont envoyé leurs œuvres à l'exposition des Beaux-Arts.

Après tous les grands peintres de l'école française qui ont envoyé leurs tableaux pour l'Exposition universelle, il faudrait mentionner l'Angleterre, la Belgique, la Hollande, la Suisse, l'Italie ; l'autre hémisphère, enfin, les Etats-Unis et le Pérou qui ont offert leurs chefs-d'œuvre dans tous les genres.

Nous passons les aquarelles, les pastels, les dessins, les gravures, les lithographies, dont beaucoup sont des compositions du plus rare mérite enfantées par l'imagination de tous les artistes des deux mondes. Il y a une foule de miniatures délicieuses qu'ont pu étudier les hommes spéciaux.

La sculpture a aussi fourni un large contingent ; c'est dans une des salles principales qu'on voit la statue de Saint-Vincent-de-Paul, destinée à la ville de Châtillon-les-Dombes, ouvrage de notre compatriote M. E. Cabuchet. « Outre une ressemblance exacte, dit le livret, l'artiste a su donner à ce vénérable pasteur une heureuse expression de physionomie. »

C'est dans les salons de sculpture que sont exposés les bustes de M. Roubaux, notre compatriote, qui sont toujours des œuvres d'un grand fini. Nous savons que notre jeune et intelligent artiste a été chargé des sculptures garnissant les tympans d'une porte du nouveau Louvre. Il s'est tiré avec talent de la page qui lui avait été confiée, ses bas-reliefs sont remarquables d'exécution et de composition. Nous ne pouvons qu'applaudir à ce brillant début dans la grande sculpture, début auquel nous convions depuis longtemps son ciseau habile et fécond.

Nous avons dit le mérite du médaillon en albâtre, exposé par M. Larose, de notre ville, qui y a consacré des années de temps et de patience, ainsi qu'à son bénitier en pierredure fouillé avec une légèreté admirable.

Le riche bénitier de M. Rougemont avait été placé dans le Palais de l'industrie, où chacun a pu le juger et l'admirer. On sait l'opinion des artistes sur ce beau morceau d'albâtre, qui fait grand honneur au maître qui l'a produit.

En résumé, l'Exposition universelle des beaux-arts compte plus de cinq mille œuvres de peinture, de sculpture, de dessin, de gravure ou de lithographie.

Le Guide de l'exposition a donc raison de le dire : « C'est la première fois que se produit un semblable concours de chefs-d'œuvre artistiques de tout un siècle. Ce fait sans précédent ne se reproduira peut-être jamais. »

7e LETTRE.

RÉSUMÉ. — PARIS.

Paris, le 20 octobre 1855.

Dans quelques jours, tout ce brillant mirage qu'on a appelé l'Exposition universelle aura disparu. Tous ces trophées, toutes ces pyramides si resplendissantes de l'industrie qui, pendant 6 mois, ont fait l'admiration des peuples, auront été enlevés et dispersés. On sait que le palais de l'Industrie seul restera à la ville de Paris pour de grandes cérémonies; mais cette immense galerie des machines où toutes les forces de l'industrie sont en mouvement, mais le palais des arts, mais cette coquetterie champêtre qui a abrité l'horticulture, tout cela sera démoli, effacé du sol des Champs-Elysées. S'il importe d'en conserver le souvenir, il importe aussi de constater l'influence et les résultats de cette grande exhibition sur les arts, sur le commerce et au point de vue des classes ouvrières. Quelques économistes habiles s'y appliqueront certainement.

L'étranger venu à Paris pour visiter les palais des arts et de l'industrie a plus appris que beaucoup de Parisiens eux-mêmes qui ont à peine aperçu l'exposition une ou deux fois.

Le plus grand avantage pécuniaire a été cependant pour la capitale qui, pendant six mois, a vu un mouvement de plusieurs millions de visiteurs dont les dépenses ont enrichi les hôtels.

Le commerce parisien proprement dit n'a pas fait de moins grands bénéfices. Tout ce qui frappait les regards à l'exposition et offrait des avantages réels était bientôt marchandé; et, comme il n'était pas permis d'acheter dans le palais même de l'exposition et d'enlever l'objet acquis, on recevait de l'exposant une adresse au moyen de laquelle on se rendait dans ses magasins pour faire emplète d'objets en tout semblables; là s'étalaient les meilleurs et les plus riches modèles de l'industrie parisienne : il en résulte que les objets rapportés de Paris dans les provinces contribueront à y répandre le goût le plus parfait en toutes choses.

D'un autre côté les étrangers qui ont afflué à Paris pendant le temps de l'exposition universelle ont rencontré des avantages inappréciables.

Cette fête de l'industrie, a dit M. de Lourdoueix, n'a pas été seulement un spectacle de curiosité ; elle aura produit plusieurs avantages très importants pour le progrès de l'humanité ; elle a ouvert à l'esprit public de notre nation des horizons nouveaux, détruit plusieurs préventions funestes, resserré les liens qui unissent les peuples, et fait entrevoir un travail d'unité dans une sphère d'activité où on ne le soupçonnait pas.

Le gouvernement avait eu l'excellente idée de tenir constamment ouverts tous les palais de la capitale, tous les musées, tous les trésors des arts et de la science.

Le Louvre, lui seul, par la magnificence de ses constructions extérieures, de ses colonnes, de ses statues, de ses détails infinis, pourrait servir d'étude et de comparaison en toutes choses. Après achèvement complet et quand ses deux immenses colonnades avec leurs pavillons se relieront au Louvre de Catherine de Médicis d'un côté et aux Tuileries de l'autre, ce sera le plus beau palais du monde, puisqu'une armée pourra manœuvrer dans son intérieur : le Louvre tout seul vaudra la peine du voyage de Paris, puisqu'en allant admirer l'œuvre de Pierre Lescot et de Jean Goujon l'on pourra admirer aussi le travail de nos sculpteurs modernes les plus célèbres.

Dans l'intérieur, on a réuni tous les chefs-d'œuvres des grands peintres de l'Italie, de la Belgique, de l'Espagne et de la France: c'est l'accumulation de toutes les richesses du passé à visiter.

Dans le musée des souverains, préparé depuis quelques années, on voit les couronnes et les parures les plus splendides des rois, comme on y voit aussi la vraie capote grise de Napoléon Ier à côté des petits souliers percés que portait cette belle reine Marie-Antoinette si pleine de grandeur d'âme dans ses jours de captivité et de malheur: que de graves leçons au seul aspect de ces objets si pieusement réunis.

En face des Tuileries, œuvre de Philibert Delorme, et du Luxembourg, s'étalent les parterres si élégamment dessinés par Le Nôtre. Quelle étude à faire dans ces jardins tout parsemés de statues, de jets d'eau, de massifs distribués avec un art infini et le goût exquis des architectes du grand siècle.

A Fontainebleau, le visiteur était transporté au milieu des brillants appartements de François Ier, des belles peintures du Primatice et des ouvrages les plus délicats de la renaissance. A Versailles, il se trouvait en pleine cour de Louis XIV, au milieu des palais de marbre, et de ces luxueux ameublements dont le cachet est resté comme une date historique dans le domaine des arts.

Les manufactures impériales de Sèvres et des Gobelins montraient presque leurs secrets à tous les visiteurs, et qui n'a pas vu à Sèvres ce musée unique dans le monde où l'on a réuni les plus belles œuvres de la céramique ancienne et moderne? Tout ce que des fouilles pratiquées en Égypte, en Grèce, en Italie ont pu produire d'intéressant se trouve réuni au musée de Sèvres. Quel champ d'exploration pour les antiquaires!

La Monnaie présentait aux visiteurs les richesses

du pactole s'unissant au plus rare mérite de la gravure. Le mouvement incessant des presses, d'après le système de Tonnellier, lance à flots les pièces d'or, d'argent, de cuivre. On peut fabriquer jusqu'à un million de fr. par jour. La médaille est partout aujourd'hui : pas une circonstance un peu solennelle ne se passe sans qu'une médaille bien frappée ne vienne en rappeler le souvenir. La médaille remplace même l'adresse fugitive sur papier pour beaucoup de genres de spéculation. J'ai vu une grande maison de commerce distribuant à ses clients, en forme d'adresses, des médailles très-bien gravées représentant d'un côté l'Empereur et de l'autre l'Impératrice. Qui croirait que chacune de ces médailles coûte un franc prise à la monnaie ? On pourra vous dire, en visitant la Monnaie, que ces nouvelles constructions et ces beaux ateliers ont été réédifiés sur les plans et dessins de M. Ch. Martin, aujourd'hui architecte du département de l'Ain.

Tous les amateurs d'antiquités, des meubles les plus artistement travaillés du vieux temps, tous les ouvriers doués de quelque goût ont pu étudier, au musée du Sommerard, les précieux objets qu'il renferme, les miracles de patience des sculpteurs du moyen-âge et de la renaissance. Il y a là un assemblage incroyable de tous les meubles, les bahuts, les prie-Dieu, les fauteuils les plus curieux, les plus ornementés qu'ait produits le travail de l'homme au moyen-âge, à la renaissance et dans le style Louis XV.

L'ouvrier intelligent a pu apprendre à connaître ces grandes écoles, juger, comparer, se faire une idée des genres particuliers à chaque époque, et lorsque quelque travail difficile et intéressant se présentera dans nos provinces, il sera plus apte certainement à l'accomplir.

Et les 42 églises de Paris? Quelle étude intéressante et complète. La cathédrale est toujours ce grandiôse et imposant monument élevé par Robert de Luzarche : elle est restée un type modèle du beau siècle de l'architecture gothique. A la sainte chapelle, à St-Eustache, partout, il y a à admirer et à apprendre.

Mais il est une église qui s'achève en ce moment et qui donne la mesure de tout ce que l'art moderne peut produire. Cette église, qui est placée à l'extrémité du faubourg St-Germain, est dédiée à Ste-Clotilde ; elle a déjà coûté dix années de travail et dix millions. On voit de loin s'élancer dans les airs ses deux flèches dentelées; elle est spacieuse, éclairée, pleine d'élégance dans l'ensemble et dans les détails. Sous les voussures du portique, sous les arceaux, dans le chœur sont sculptés des figures en pierre, des emblèmes religieux. L'artiste et l'ouvrier qui ont visité les travaux et les chantiers ont pu voir à l'œuvre des maîtres *imaigiers* dignes du moyen-âge. Cette église est du gothique fleuri et trompera les siècles futurs.

C'est aussi à Paris que l'art des constructions est poussé à son plus haut point de perfectionnement et que les maisons s'élèvent comme par enchantement, unissant au dehors l'élégance de l'architecture à tout le confortable de l'intérieur.

Qui n'a pas admiré les boulevards et cette rue de Rivoli déployant sa perspective sur une longueur de plusieurs kilomètres? Qui ne s'est arrêté devant les Halles centrales? Qui n'a visité ces gares de chemin de fer, celle de Strasbourg par exemple, véritables monuments d'un aspect grandiose et plus vastes que les anciennes arênes des Romains?

Les ouvriers envoyés à Paris par les villes et les départements ont pu parcourir aussi les ateliers des principaux maîtres, des grandes entreprises; ils ont pu voir que presque partout le fer et la fonte sont substitués au bois, que des procédés, des instruments nouveaux sont employés pour arriver et perfectionner le travail.

Des hommes spéciaux auront noté sans doute les améliorations qui peuvent être utilement introduites dans nos provinces. Puisse notre Bresse profiter des progrès apportés dans les instruments agricoles, et notre Bugey être vivifié encore par de nouvelles manufactures qui rivaliseront avec celles des pays les plus avancés ! Puissent aussi des procédés économiques nouveaux venir ajouter au bien-être des populations rurales !

De nombreuses publications resteront sans doute pour préciser toutes les découvertes essentielles, tout ce que l'industrie, l'économie, la vie des peuples ont pu gagner dans ce grand concours du génie humain. Le *Cosmos*, revue encyclopédique, rédigée par le savant abbé Moigno, a dit : « Que l'Exposition des Champs-Elysées finisse quand elle voudra, nous ne la verrons pas fermer sans un vif regret, sans un serrement de cœur; mais nous emporterons sa vive image, et nous la ferons longtemps revivre dans les pages du *Cosmos*. » Nous en prenons acte.

Il faut bien dire aussi, vanité nationale à part, que cette grande Exposition en 1855 a constaté la supériorité de la France dans presque tous les arts, surtout dans l'industrie : sur quelques points, comme en Suisse, en Belgique, en Angleterre, il nous a été fait une concurrence sérieuse, menaçante même ; mais nulle part encore nous ne sommes dépassés ; c'est au génie de la France, à trouver sans cesse le mieux, le bien et le beau.

La vapeur est toujours le puissant moteur des grandes industries et des travaux les plus compliqués confiés jadis à la main de l'homme. A-t-elle dit son dernier mot? Les vaisseaux armés d'une machine à hélice, comme celle qu'on voyait à l'Exposition, ne sont-ils pas de véritables citadelles, menaçant les peuples les plus lointains?

Un inflexible et infatigable publiciste faisait remarquer ces jours derniers que la machine à vapeur, déjà si grosse d'événements politiques dans l'industrie, devenait encore une terrible machine de guerre. Déjà la machine à vapeur, disait-il, a ôté l'islamisme de l'Algérie; il est probable qu'elle ôtera ailleurs autre chose, et que plus d'une puissance sera ruinée ou déplacée par elle, et il ajoutait: « Voyez Sébastopol ! il y a peu d'exemples d'une ville ainsi traitée par aucun fléau du ciel, et les effets du tremblement de terre à Lisbonne, il y a cent ans, n'ont pas été comparables à ceux de cette artillerie apportée de huit cents lieues comme par une tempête. »

Voilà les effets de la vapeur sous un point de vue qui mérite bien aussi l'attention des peuples ! Dieu seul en connaît le terme !

NOTES.

—

Voici les chiffres des visiteurs de l'exposition universelle de 1855, qui est restée ouverte pendant 198 jours :

Exposition de l'industrie...........	3,626,934
des beaux arts..........	906,530
Total des visiteurs........	4,533,464
Total de la recette........	2,941,668

—

5

On a donné l'énumération suivante des richesses végétales qui ont figuré à l'exposition universelle d'horticulture de 1855:

Pendant les six mois de sa durée, l'exposition a reçu de 664 exposants : 6,373 plantes de serre chaude et tempérée, 1,424 conifères, 33,214 plantes ou fleurs de tout genre, 658 arbres fruitiers, 177 arbustes d'ornement, 3,240 légumes, 20,650 fruits en 238 lots, 4,200 fruits de l'Algérie, 460 céréales et 155,900 fleurs coupées, dont 98,000 roses (le reste en glayeuls, dahlias, pensées, etc.), et près de 4,000 arbres et arbustes achetés par la société pour la garniture du jardin.

—

Comme conséquence des progrès de l'horticulture et de la faveur de plus en plus grande qui s'attache aux produits de nos pépiniéristes, on peut citer les prix auxquels ont été adjugés les principaux arbres d'ornement de l'exposition d'horticulture des Champs-Elysées. Un *abies pinsupo* a été vendu 570 francs; un cèdre pleureur (*cedrux deodora*), 500 fr.; deux *taxus hibernica*, 555 fr.; un houx des Baléares, 270 fr.; d'autres houx, de 100 à 150 fr. l'un; un *yuca pendula*, 135 fr. Enfin, des ifs communs ont été vendus près de 25 fr. en moyenne.

Décorations, Médailles et Récompenses

OBTENUES

PAR DES PERSONNES DU DÉPARTEMENT DE L'AIN.

Croix de la Légion-d'Honneur.

M. Nivière, fondateur et ancien directeur de la Saulsaie. (Ecole impériale d'agriculture.)

M. Michel (de Belley), pour ouvrages estimés sur l'instruction primaire, l'agriculture, l'économie, et pour services rendus aux classes ouvrières.

MÉDAILLES D'HONNEUR.

MM. Bonnet, qui ont fondé à Jujurieux un établissement-modèle de filature et de tissage, taffetas, satins, tissus unis-noirs; — création ou application constante de nouveaux procédés de fabrication.

MM. Dobler, Warnery et Morlot, à Tenay.—Déchets de soie, création de cette industrie en France, supériorité des produits due à l'amélioration constante de tous les perfectionnements.

MÉDAILLES.

Médaille d'argent de 2e classe à M. Emilien Cabuchet, pour sa statue en bronze de saint Vincent-de-Paul, destinée à la ville de Châtillon-les-Dombes.

Voici l'extrait d'une lettre adressée à M. Emilien Cabuchet par M. Petitot, membre de l'Institut:

« Votre travail me paraît très-remarquable; il est d'une belle disposition sculpturale, plein de sentiment, de noblesse et de vérité, et sa bonne exécution concourt encore à en faire une œuvre complète. J'ajoute que ce travail, bien qu'il ne vous ait valu qu'une 2e médaille, n'en reste pas moins, à mon avis (et dans l'opinion de beaucoup d'autres personnes compétentes avec qui j'en ai causé), comme un des bons ouvrages de notre exposition. »

Médailles de 1re classe.

M. le général Girod (de l'Ain), pour ses laines provenant du troupeau de Naz.

M. MAS-SIRAND, président de la Société d'horticulture de l'Ain et propagateur de l'enseignement d'arboriculture.

M. RÉROLE, professeur à la Saulsaie; travaux considérables et bien entendus de drainage.

M. MINANGOIN (de l'Ain), directeur des cultures à la colonie de Mettray.

M. LAHÉRARD, pour ses travaux dans la Haute-Saône, et qui a contribué à la fondation de la Société pratique de l'Ain.

—

Médailles de 2e classe.

MM. BOUILLIER et Cie, fabricants de couvertures à Condamine-la-Doye.

M. SIBUET et Cie, à Chaley. — Industrie des soies.

MM. BEROUD frères, à Saint-Martin-du-Fresne. — Agriculture.

M. FAYET, premier vacher à la Saulsaie.

M. RIVIÈRE (Bernard), porcher à la Saulsaie.

—

Mentions honorables.

M. PERNOLLET, de Ferney-Voltaire, pour son crible-trieur, déjà récompensé dans diverses expositions.

M. le comte d'ARLOZ, à Grammont. — Industrie des soies.

MM. Bibet et Compar, à Saint-Rambert. — Industrie des soies.

M. Buffet (Fr.), à Chaley. — Industrie des soies.

M. Métral père, à Nantua. — Objets de mode et de fantaisie.

La Société d'Emulation et d'Agriculture de l'Ain avait voté des fonds pour faciliter à un certain nombre de chefs d'ateliers les moyens d'aller visiter l'exposition universelle. Son choix s'est fixé sur les compatriotes dont les noms suivent :

MM.

Rougemont, directeur de l'école industrielle de Nantua ;

Faussillon dit *Larose*, sculpteur à Bourg ;

Schirmer, mécanicien à Gex ;

Bergon (Casimir) et Got, serruriers à Bourg ;

Récy, tourneur à Bourg ;

Couineau, mécanicien à Bourg ;

Olivier, charron à Bourg.

M. Rougemont avait été chargé de diriger la députation pendant tout le voyage.

Ces chefs d'industrie ont adressé à la Société d'émulation de l'Ain des notes prises aux diverses expositions et sur les objets qui se rattachaient spécialement à leur partie ; ils ont reçu en récompense divers ouvrages professionnels.

Huit ouvriers de la ville de Bourg et du département se sont joints volontairement à la délégation et sans subvention aucune ; ce sont :

MM.

Rigaud, maître-maçon à Bourg ;

Berthaud, mécanicien à Pont-de-Veyle ;

Juénin et Girondot, peintres à Bourg ;

Masson, mécanicien à Simandre ;

Dagand, menuisier à Bourg ;

Bernard, charpentier à Bourg ;

Lacôte, forgeron à Villeneuve.

Le département profitera des observations et des etudes faites par ces compatriotes pendant leur séjour à Paris.

www.ingramcontent.com/pod-product-compliance
Ingram Content Group UK Ltd.
Pitfield, Milton Keynes, MK11 3LW, UK
UKHW022119260726
13993UKWH00003B/1108

9 782329 471587